I0839568

politisch bilden

Hustedter Beiträge zur politischen Bildung

Band 7

Bildungszentrum HVHS Hustedt (Hg.)

Die Revolutionen sind die Lokomotiven der Geschichte

Herstellung und Verlag: BoD – Books on Demand, Norderstedt
Umschlag, Satz und Layout: Karsten Meier, Braunschweig

Bibliografische Information der Deutschen Nationalbibliothek
Die Deutsche Nationalbibliothek verzeichnet diese Publikation
in der Deutschen Nationalbibliografie; detaillierte bibliografische
Daten sind im Internet über www.dnb.de abrufbar.

Printedt in Germany
ISBN 9-783752-813838

Inhalt

Revolutionen

> *„Freilich vollzieht sich der Gang der Geschichte*
> *nach eigenen, unverbrüchlichen Gesetzen. Aber*
> *die Menschen sind dieser Gesetze Träger. Sie*
> *machen ihre Geschichte nicht aus freien Stücken,*
> *aber sie machen sie selbst."*
>
> Rosa Luxemburg*

Revolutionen stellen Brüche oder auch qualitative Sprünge in der evolutionären Entwicklung menschlicher Gesellschaftsformationen dar. Sie sind zugespitzte Momente der Klassenkämpfe. In der Revolution geht die Macht auf neue Träger über, deren gesellschaftliches Handeln auf eine völlig neue Gesellschaftsformation gerichtet ist; es findet ein Wechsel der politischen Machtträger statt. Ein Putsch dagegen ersetzt einen Herrschaftsträger durch andere innerhalb derselben Gesellschaftsformation. Eine Revolte wiederum ist der spontane Aufstand einer unterdrückten Gruppe gegen menschenunwürdige Lebensverhältnisse und ihre Unterdrücker. Und eine Reform stellt eine politische Strategie dar, den evolutionären Prozess der Erneuerung innerhalb der Gesellschaftsformation zu garantieren und eine Revolution zu verhüten oder ihr zuvor zu kommen.

Zu einer Revolution kann es kommen, wenn folgende Faktoren historisch zusammentreffen:

- eine grundlegend neue technogische Entwicklung erfolgt (z. B. die Dampfmaschine), man spricht von der Entwicklung der Produktivkräfte,
- eine neue gesellschaftliche soziale Klasse entsteht, deren Mitglieder Eigentümer der neuen Produktionsmittel sind (z.B. Fabrikanten),
- Intellektuelle und Künstler Ideen von einer anderen Gesellschaft entwickeln (z. B. die Enzyklopädisten der Aufklärung) und
- große Teile der Bevölkerung mit den bestehenden Zuständen unzufrieden sind.

Es sind also objektive Faktoren – Produktivkräfte und Produktions-

---

* Rosa Luxemburg, GW 4, Berlin 2000, S.14

mittel – sowie subjektive Faktoren – Individuen und soziale Klassen – die im revolutionären Prozess zusammenwirken. Zusätzlich wirken oft außerordentliche Ereignisse wie Wirtschaftskrisen, Hungersnöte oder Kriege als auslösende Momente.

> *„In der gesellschaftlichen Produktion ihres Lebens gehen die Menschen bestimmte, notwendige, von ihrem Willen unabhängige Verhältnisse ein, Produktionsverhältnisse, die einer bestimmten Entwicklungsstufe ihrer materiellen Produktivkräfte entsprechen. Die Gesamtheit dieser Produktionsverhältnisse bildet die ökonomische Struktur der Gesellschaft, die reale Basis, worauf sich ein juristischer und politischer Überbau erhebt und welcher bestimmte gesellschaftliche Bewußtseinsformen entsprechen. Die Produktionsweise des materiellen Lebens bedingt den sozialen, politischen und geistigen Lebensprozeß überhaupt. Es ist nicht das Bewußtsein der Menschen, das ihr Sein, sondern umgekehrt ihr gesellschaftliches Sein, das ihr Bewußtsein bestimmt. Auf einer gewissen Stufe ihrer Entwicklung geraten die materiellen Produktivkräfte der Gesellschaft in Widerspruch mit den vorhandenen Produktionsverhältnissen oder, was nur ein juristischer Ausdruck dafür ist, mit den Eigentumsverhältnissen, innerhalb deren sie sich bisher bewegt hatten. Aus Entwicklungsformen der Produktivkräfte schlagen diese Verhältnisse in Fesseln derselben um. Es tritt dann eine Epoche sozialer Revolution ein. Mit der Veränderung der ökonomischen Grundlage wälzt sich der ganze ungeheure Überbau langsamer oder rascher um. ... Eine Gesellschaftsformation geht nie unter, bevor alle Produktivkräfte entwickelt sind, für die sie weit genug ist, und neue höhere Produktionsverhältnisse treten nie an die Stelle, bevor die materiellen Existenzbedingungen derselben im Schoß der alten Gesellschaft selbst ausgebrütet worden sind.“*

Karl Marx, Vorwort zur Kritik der politischen Ökonomie, MEW 13, Berlin 1981, S. 8

Im Revolutionszyklus der Neuzeit sind drei Stufen unterscheidbar: eine erste Phase, geprägt von den frühbürgerlichen Revolutionen des 16. Jahrhunderts, in Deutschland repräsentiert durch den Bauernkrieg. Dann die klassische Phase, in erster Linie getragen und geprägt von der Englischen und der Französischen Revolution, und schließlich im Verlaufe des

19. Jahrhunderts eine Verstetigung und Vielfalt von Revolutionen – hierfür stehen exemplarisch die Jahrzehnte zwischen 1830 und 1849 – die aus der politisch-sozialen Umwälzung in Frankreich und der industriellen Revolution in England resultierten. Damit war der über ein Jahrtausend alten feudalen Gesellschaftsordnung endgültig der Boden entzogen. Diese historische Ablösung der feudalen durch die bürgerliche Formation im Weltmaßstab erfolgte in zwei Hauptvarianten gesellschaftlicher Transformation: entweder durch eine Revolution oder auf reformerischem Wege. Es gab und gibt kein Land, in dem sich die neue bürgerliche Ordnung nur auf revolutionärem oder nur auf reformerischem Wege durchgesetzt und etabliert hätte. Auf die bürgerlichen Revolutionen, die bis an die Wende des 19. zum 20. Jahrhundert die großen Umschwünge des globalen Geschehens bestimmten, folgte mit der Zäsur 1917 der Aufbruch in den proletarisch-sozialistischen Revolutionszyklus, der sich bis zu den revolutionär-antikolonialen Befreiungsbewegungen bis Mitte des letzten Jahrhunderts erstreckte.

> *„Wir brauchen durchaus nicht in der Revolution Heugabeln und Blutvergießen zu verstehen. Eine Revolution kann auch in kulturellen Formen verlaufen, und wenn je eine dazu Aussicht hatte, so ist es gerade die proletarische; denn wir sind die letzten, die zu Gewaltmitteln greifen, die eine brutale Revolution herbeiwünschen könnten.“*
>
> Rosa Luxemburg, „Rede über die Ablösung der kapitalistischen Gesellschaft“, GW 1/1, Berlin 2007, S. 571

Interessanterweise sind die großen Revolutionen der Neuzeit relativ unblutig erfolgt: Beim Sturm auf die Bastille 1789 wurden nur einige Wachmannschaften getötet, beim Sturm auf das Winterpalais 1917 starben einige der dort stationierten Offizierskadetten und 1918 erfolgte die Machtübergabe an die Revolutionäre in den Räumen des Reichskanzlers ausgesprochen zivil, wie das angefertigte und erhalten gebliebene preußisch-korrekte Protokoll ausweist. Erst in den Folgemonaten entfachten die alten Kräfte jeweils einen blutigen Bürgerkrieg, um die Revolution rückgängig zu machen.

Der deutsche Bauernkrieg

*„Die Herren machen das selber, dass ihnen der
arme Mann feind wird.“*

Thomas Müntzer*

Am Beginn des 16. Jahrhunderts entwickelten sich Anfänge kapitalistischer
Warenproduktion, des Manufakturstadiums und des bürgerlichen Marktes
(statt des bisherigen Bauernmarktes). Diese frühkapitalistischen Produktionsverhältnisse standen im Gegensatz zur herrschenden Feudalordnung;
z. B. konnten notwendige Arbeitskräfte auf Grund der Leibeigenschaft
nicht rekrutiert werden. Es ging also darum, leibeigene Bauern als Freie
in das System der Warenproduktion und des Marktes einzugliedern, ihre
Arbeitskraft dem Feudalsystem zu entreißen und dem sich entwickelnden
Manufaktursystem zur Verfügung zu stellen.

Hinzu kam die geistige Bevormundung durch den Klerus und die
materielle Belastung der Bevölkerung durch den Adel in Form von vielfältigen Abgaben; besonders verhasst war der erzwungene Ablasshandel
durch die Kirche. Hiergegen entfachte Martin Luther 1517 mit seinen 95
„Thesen gegen den Ablasshandel“ zusätzlichen Widerstand. Der daraus
hervorgehende Zyklus von Klassenkämpfen innerhalb des Feudalsystems
im 15./16. Jahrhundert war die erste große Massenerhebung in der Geschichte des deutschen Volkes; sie ist Teil antifeudaler Massenbewegungen
seit dem 14. Jahrhundert in ganz Europa im Prozess des Übergangs vom
Feudalismus zum Kapitalismus.

In Franken predigte 1476 Hans Böheim „Das Pfeifferhänslein“ die
Abschaffung des Zinses, der Steuern, des Zehnten und der Frondienste; die
freie Benutzung der Wälder, des Wassers, der Brunnen und der Weiden. Es
kam zu einer ersten spontanen Massenbewegung von 70.000 Anhängern,
die erst durch die Ermordung Böheims wieder zum Erliegen kam. In
Hemmingenstedt kam es im Februar 1500 zur Schlacht, bei der die Dithmarscher Bauern siegten und die Unabhängigkeit ihrer Bauernrepublik
sicherten. Im gleichen Jahr kam es auch zum Bundschuh-Aufstand am

---

* aus der hochverursachten Schutzrede des Thomas Müntzer 1524

Oberrhein unter Führung von Jos Fritz. Es folgte 1514 der Aufstand der Bauernrebellen des „Armen Konrad" in Württemberg.

Auf einer Bauerntagung in Memmingen 1525 wurde ein politisches Programm beschlossen. Die Zwölf Artikel forderten die freie Pfarrerwahl, die Abschaffung des Kleinzehnten sowie kirchliche oder gemeinnützige Verwendung des Großzehnten (Feudalrente in Form einer Geld- oder Naturalsteuer), die Aufhebung der Leibeigenschaft, die freie Jagd und Fischerei, die Rückgabe der Wälder, die Reduzierung der Frondienste, die Einhaltung bestehender Besitzbedingungen, die Neufestsetzung der Abgaben an den Grundherren, feste statt willkürliche Strafen (Rechtssicherheit), die Rückgabe der Allmenden (von den Bauern gemeinsam genutztes Gemeindeland), die Abschaffung des Todfalls (Einziehung des Eigentums eines verstorbenen Bauern durch den Feudalherren).

Der eigentliche Beginn der Bauernkriege ist datiert mit dem Stühlinger Aufstand in Südwestdeutschland im Jahr 1524. Die Aufstände breiteten sich danach von dort bis nach Mitteldeutschland aus und endeten am 15. Mai 1525 mit der Schlacht bei Frankenhausen in Thüringen mit der Niederlage der Bauern unter Führung von Thomas Müntzer.

Thomas Müntzer (1489–1525)

Ein Theologe der Revolution und Gegenspieler Martin Luthers während der Reformation und des folgenden Bauernkrieges. Als Theologe kämpfte er für die Einführung der deutschen Sprache in der Messe an Stelle der Fremdsprache Latein, als Revolutionär für die sozialen Rechte der Bauern gegen die Fürsten. Seine ideologische Grundlage war die Bibel und ihre Interpretation für soziale Gerechtigkeit; seine letzte revolutionäre Kampfschrift war das „Manifest an die Mansfeldischen Bergknappen" von 1525. Er war Anführer des Bauernheeres 1525 in der Schlacht bei Frankenhausen in Thüringen, wo die Bauern von einer Übermacht der Fürstenheere vernichtend geschlagen wurden; Müntzer wurde gefangen genommen, gefoltert und geköpft. In Bad Frankenhausen erinnert heute ein monumentales, 120 Meter langes und 14 Meter hohes 360°-Panoramabild an jene Zeit.

Thomas Müntzer, Die Fürstenpredigt zu Allstedt, Juli 1524

„Was tun aber unsere Fürsten?

Sie nehmen sich des Regiments nicht an, hören die armen Leute nicht, sprechen nicht Recht, halten die Straßen nicht rein, wehren nicht Mord und Raub, strafen kein Frevel und Mutwill, verteidigen nicht die Witwen und Waisen, helfen nicht den Armen zu Recht, schaffen nicht, daß die Jugend recht erzogen würd zu Guten, fürdern nicht Gottes Dienst, so doch um solcher Ursach willen Gott Oberkeit eingesetzt hat, sonder verderben allein die Armen je mehr und mehr mit neuen Beschwerden, brauchen ihrs Macht nicht zu Erhaltung des Friedens, sonder zu eignem Trutz, daß je einer seim Nachbauren stark genug sei, verderben Land und Leut mit unnötigen Kriegen, Rauben, Brennen, Mörden. Das seind die fürstlichen Tugend...“

Übertragung in den Sprachgebrauch der Gegenwart:

„Was aber machen unsere Fürsten?

Sie regieren nicht ernsthaft, ignorieren die Stimme der Armen, fällen keine verbindlichen Rechtsurteile, lassen auf den Straßen Mord und Raub geschehen, bekämpfen die Kriminalität nicht, schützen rechtlich nicht die Witwen und die Waisenkinder, bevorzugen juristisch die Reichen, kümmern sich nicht um die Ausbildung und Erziehung der Jugend, fördern nicht den Gottesdienst, wofür sie jedoch als Gottes Obrigkeit eingesetzt sind, dafür belasten sie die Armen mit immer neuen Abgaben, machen keine Friedenspolitik sondern rüsten ständig auf und reißen Land und Leute in unnötige Raubkriege hinein. Rauben, Brandstiften, Morden – das ist fürstliche Moral...“

Der arme Kunrad

Ich bin der arme Kunrad
und komm von nah und fern,
von Hartematt und Hungerrain
mit Spieß und Morgenstern.
Ich will nicht länger sein der Knecht,
leibeigen, frönig, ohne Recht.

Ein gleich Gesetz, das will ich han,
vom Fürsten bis zum Bauersmann.
Ich bin der arme Kunrad,
Spieß voran,
drauf und dran!

Ich bin der arme Kunrad
in Aberacht und Bann,
den Bundschuh trag ich auf der Stang,
hab Helm und Harnisch an.
Der Papst und Kaiser hört mich nicht,
ich halt nun selber das Gericht,
es geht an Schloß, Abtei und Stift,
nichts gilt als wie die Heilige Schrift.
Ich bin der arme Kunrad,
Spieß voran,
drauf und dran!

Ich bin der arme Kunrad,
trag Pech in meiner Pfann,
Heijoh! nun geht's mit Sens und Axt
an Pfaff und Edelmann.
Sie schlugen mich mit Prügeln platt
und machten mich mit Hunger satt,
sie zogen mir die Haut vom Leib
und taten Schand an Kind und Weib.
Ich bin der arme Kunrad,
Spieß voran,
drauf und dran!

Die Große Französische Revolution

„Liberté , Egalité , Fraternité"

Die Französische Revolution war das epochale Signal zur politischen Machtübernahme durch die neu entstehende Klasse des Bürgertums, der Fabrikanten und Handelskapitalisten; das Signal für die Ablösung des Feudalismus als politisch dominierendes System.

Eine neu ökonomische Struktur der Manufakturen ersetzte die bisherige vorherrschende bäuerliche und handwerkliche Produktionsform: statt der Einzelfertigung erfolgte jetzt die Massenproduktion von Konsumgütern. Die technologischen Grundlagen hierfür bildeten die Dampfmaschine (1769), mechanische Webstühle (1786) sowie die Eisenbahn als Transportmittel. War die Technik für das neue Manufaktursystem vorhanden, so fehlte ihm noch der Faktor Arbeit. Deshalb war die Befreiung der Bauern von Leibeigenschaft eine weitere Voraussetzung, nur dadurch konnte ihre Arbeitskraft frei auf dem Arbeitsmarkt von den Fabrikanten gekauft werden. Damit war ein gesellschaftlicher Großkonflikt mit den Feudalherren vorprogrammiert. Aus den Bauern entstand nach und nach die neue Klasse des Proletariats. Das Bürgertum entwickelte sich als ökonomische Klasse zum Besitzbürgertum – der Bourgeois und als politische Klasse zum Staatsbürgertum – der Citoyen.

Parallel zu diesen politischen Umbrüchen gab es auch Umbrüche im Geistesleben, bei Intellektuellen und Künstlern. Die Aufklärung des 18. Jahrhunderts stellte die zweitausendjährige Meinungsführerschaft der Kirche in Frage. An die Stelle des Glaubens trat das Wissen um die Welt, welches von Enzyklopädisten wie Diderot oder Voltaire aufgeschrieben wurde. Der Staatsrechtler Montesquieu entwarf ein Konzept der Gewaltenteilung als Alternative zum Machtmonopol des absolutistischen Königtums; Rousseau propagierte die natürliche Gleichheit aller Menschen und stellte damit die feudale Ständegesellschaft radikal in Frage. Ephraim Lessing revolutionierte das Theater, indem er nicht mehr Adelige sondern Bürgerliche als Helden auftreten ließ.

„Vor der kapitalistischen Produktion, also im Mittelalter, bestand allgemeiner Kleinbetrieb auf Grundlage des Privateigentums der Arbeiter an ihren Produktionsmitteln: der Ackerbau der kleinen, freien oder hörigen Bauern, das Handwerk der Städte. Die Arbeitsmittel – Land, Ackergerät, Werkstatt, Handwerkszeug – waren Arbeitsmittel des einzelnen, nur für den Einzelgebrauch berechnet, also notwendig kleinlich, zwerghaft, beschränkt. Aber sie gehörten eben deshalb auch in der Regel dem Produzenten selbst. Diese zersplitterten, engen Produktionsmittel zu konzentrieren, auszuweiten, sie in die mächtig wirkenden Produktionshebel der Gegenwart umzuwandeln, war grade die historische Rolle der kapitalistischen Produktionsweise und ihrer Trägerin, der Bourgeoisie. (…) An die Stelle des Spinnrads, des Handwebstuhls, des Schmiedehammers trat die Spinnmaschine, der mechanische Webstuhl, der Dampfhammer; an die Stelle der Einzelwerkstatt, die das Zusammenwirken von Hunderten und Tausenden gebietende Fabrik. Und wie die Produktionsmittel, so verwandelte sich die Produktion selbst aus einer Reihe von Einzelhandlungen in eine Reihe gesellschaftlicher Akte und die Produkte aus Produkten einzelner in gesellschaftliche Produkte. (…) Die Einzelproduktion erlag auf einem Gebiete nach dem andern, die gesellschaftliche Produktion revolutionierte die ganze alte Produktionsweise.“

Friedrich Engels, MEW 20, Berlin 1962, S. 250 ff.

Im Mai 1789 war der König gezwungen, das Parlament – die Generalstände – einzuberufen, um sich weitere Steuern bewilligen zu lassen und den Staatbankrott abzuwenden, der durch das verschwenderische Luxusleben in Versailles drohte. Die Generalstände erklärten sich daraufhin zur Nationalversammlung und gaben am 14. Juli unter der Parole „Liberté, Egalité, Fraternité“ das Signal zum Sturm auf die Bastille, das verhasste Symbol des absolutistischen Regimes. Sie erklärte die allgemeinen Menschen- und Bürgerrechte, erließ Dekrete gegen die Adelsprivilegien und Agrardekrete zur Abschaffung des Zehnt, von Wegezöllen und Naturalabgaben und entlastete damit die Bauern, die insgesamt 20 Millionen der 25 Millionen Einwohner Frankreichs stellten.

Zwischen 1789 und 1792 entstand so eine Art parlamentarischer Monarchie, die 1791 mit dem Fluchtversuch des Königs und seiner Hinrichtung 1793 endete. Ein 1792 neu gewählter Konvent erklärte Frankreich zur Republik, beschloss eine neue Verfassung mit weltweit erstmalig direktem, allgemeinen und gleichen Männerwahlrecht; die 1789 proklamierten Menschenrechte wurden ergänzt durch soziale Rechte auf Bildung und Arbeit. Neben dem Recht auf Eigentum gab es die Pflicht zur Unterordnung unter den Allgemeinwillen.

Ab 1791 bis 1804 tobten Fraktionskämpfe zwischen rechten Royalisten, linken Jakobinern und republikanischem Bürgertum, das mit dem Direktorium zwischen 1795 bis 1799 auch die Regierung stellte. Eine Royalistenrevolte 1795 wurde durch den jungen General Napoleon Bonaparte niedergeschlagen; 1796 scheiterte ein Aufstand der linken Republikaner unter Babeuf; 1804 erfolgte die Ausrufung Napoleons zum Kaiser. Die Rückkehr aus der Republik in die Monarchie nach über zehn Jahren nachrevolutionärer politischer Instabilität entsprach dem Bedürfnis des Bürgertums nach einer starken Exekutive zur Durchsetzung ihrer Interessen, nach Ruhe und Sicherheit für ihre Geschäfte. Gleichzeitig erhielt Napoleon aber auch die Unterstützung der Bauern, die ihre neuen Rechte und Eigentum an Grund und Boden durch ihn gesichert sahen. Mit dem Code Civil, einer Art bürgerliches Gesetzbuch, wurden wesentliche Errungenschaften von 1789 festgeschrieben.

Der Revolutionsperiode folgte nach der Abdankung Napoleons ab 1815 eine europaweite konterrevolutionäre Restaurationsperiode, angeführt von Fürst Metternich, dem Kanzler der europäischen Hegemonialmacht Österreich. Es ging um die Wiederherstellung vorrevolutionärer Zustände, die Ablehnung von Verfassungen, die Machtausübung durch den Adel, die Unterdrückung oppositioneller Gruppen und um eine rigorose Pressezensur.

Ah! Ça ira (1790)

Die erste Hymne der französischen Revolution. Die folgende Version wurde
von den Sansculotten gesungen.

Ah! ça ira, ça ira, ça ira,
Les aristocrates à la lanterne!
Ah! ça ira, ça ira, ça ira,
Les aristocrates on les pendra!

Le despotisme expirera,
La liberté triomphera,
Ah! ça ira, ça ira, ça ira,
Nous n'avons plus ni nobles, ni prêtres,
Ah! ça ira, ça ira, ça ira,
L'égalité partout régnera.
L'esclave autrichien le suivra,
Au diable s'envolera.
Ah! ça ira, Ah! ça ira,
Au diable s'envolera

Ah! das geht ran, das geht ran, das geht ran,
Die Aristokraten an die Laterne!
Ah! das geht ran, das geht ran, das geht ran,
Die Aristokraten, hängt sie dran!

Die Tyrannei verliert,
Die Freiheit triumphiert,
Ah! das geht ran, das geht ran, das geht ran,
Weder Adelige noch Pfaffen können uns,
Ah! das geht ran, das geht ran, das geht ran,
Die Gleichheit herrscht wohlan.
Und der österreichische Lakai kommt auch noch dran,*
Wir werden ihn zum Teufel jagen.
Ah! das geht ran, Ah! das geht ran,
Wir werden ihn zum Teufel jagen.

---

* Die Österreichische Armee wollte 1791 dem König zu Hilfe kommen und die Revolution niederschlagen.

Die Revolutionen von 1848

Dem Revolutionsjahr ging ab 1846 eine typische kapitalistische Wirtschaftskrise voraus, die konjunkturelle Aufschwungphase des Eisenbahnbooms ging zu Ende, die durch Eisen und Kohle, Dampfkraft und Maschinerie entwickelten Fabrikationsanlagen erzeugten erstmals eine Überproduktion, die ab 1847 in einer europäischen Handelskrise mündete. Dies traf besonders die Arbeiter, die erst wenige Jahre vorher, wie in Preußen, zwischen 1800 und 1830 aus der bäuerlichen Leibeigenschaft befreiten worden waren, um so ihre Arbeitskraft als Fabrikarbeiter verkaufen zu können. Dazu kam 1845/46 eine Agrarkrise auf Grund von Missernten und nachfolgenden Hungerrevolten. Die schlesischen Weberaufstände von 1844 waren ein erstes Signal für die explosive soziale Lage.

In deutschen Landen gab es eine zusätzliche Besonderheit. Neben dem dominierenden Preußen existierten noch über 30 weitere Fürstentümer, Grafschaften und kleinere Königreiche. Diese politische Zersplitterung beeinträchtigte die wirtschaftliche Entwicklung gegenüber zentralistischen Staaten wie England oder Frankreich und stärkte bei allen ökonomischen Klassen und sozialen Schichten außerhalb des Adels den Willen, einen einheitlichen Staat, Republik oder Monarchie, zu fordern und das bestehende Feudalsystem zu überwinden. Ein erster Schritt zur wirtschaftlichen Einheit war der schon 1834 gegründete Zollverein.

Schnell nahmen die Proteste in ganz Europa einen politischen Charakter an. Zielscheibe war das System Metternich, das seit 1815 als „Heilige Allianz" bestehende Bündnis des europäischen Adels, das alle bürgerlichen Freiheiten unterdrückte. Eine wichtige, Orientierung bietende politische Programmschrift war das von Marx und Engels im Auftrag des Bundes der Kommunisten verfasste „Kommunistische Manifest" vom Januar 1848.

Ausgangspunkt der revolutionären Bewegungen war wie 60 Jahre zuvor Frankreich, genauer die Februarrevolution in Paris. Sie beendete die Bourbonenherrschaft, rief die Republik aus und zwang den korrupten Bürgerkönig Lous-Philippe zur Abdankung und zur Flucht nach London.

Im März taten es die Bürger Wiens gleich und stürzten den verhassten
Metternich, der ebenfalls nach London flüchtete. Nur wenige Tage später
kam es in Berlin zum Aufstand gegen den preußischen König, dessen
Armee ein Blutbad unter den Demonstranten anrichtete. Der dafür ver-
antwortliche Prinz von Preußen flüchtete aus dem unsicher gewordenen
Berlin nach London, wo er mit seinen Schicksalsgenossen aus Frankreich
und Österreich ein Asyl fand. Der preußische König dagegen wurde gezwungen, den Märzgefallenen beim Vorbeimarsch am Berliner Schloss
seine Ehrerbietung zu erweisen. Im April erfolgte ein Aufstand in Baden
für eine freie Republik nach französischem Vorbild unter Führung der
Nationalversammlungs-Mitglieder Friedrich Hecker und Gustav Struve.
Im Juni gab es erneut Barrikadenkämpfe in Paris zur Verteidigung der
Republik (die Delacroix in dem Gemälde „Die Freiheit führt das Volk"
festgehalten hat). Im September Aufstand in Frankfurt und im Oktober
ein weiterer Aufstand in Wien, der aber von der Armee niedergeschlagen
wurde. Das Mitglied der Frankfurter Nationalversammlung, der Revolutionär Robert Blum, der auf der Seite der Aufständischen kämpfte,
wurde anschließend am 9. November standrechtlich erschossen. Weitere
Aufstände gab es in Prag, Mailand und Ungarn – ganz Europa war von
revolutionärem Aufbruch erfasst.

Nach den Barrikadenkämpfen am 18. März in Berlin schrieben Karl
Marx und Friedrich Engels Ende März im Auftrag der Zentralbehörde des
Bundes der Kommunisten in Paris die „Forderungen der Kommunistischen
Partei in Deutschland", die als Flugblatt verbreitet wurden. Auszug aus
den 17 Forderungen:

- *Ganz Deutschland wird zu einer einigen, unteilbaren Republik.*

- *Jeder Deutsche, der 21 Jahre alt, ist Wähler und wählbar, vorausge-
setzt, daß er keine Kriminalstrafe erlitten hat.*

- *Die Volksvertreter werden besoldet, damit auch der Arbeiter im Parlament des deutschen Volkes sitzen könne.*

- *Alle Feudallasten, alle Abgaben, Fronden, Zehnten etc., die bisher
auf dem Landvolke lasteten, werden ohne irgendeine Entschädigung
abgeschafft.*

- *Die fürstlichen und andern feudalen Landgüter, alle Bergwerke, Gruben usw. werden in Staatseigentum umgewandelt. Auf diesen Landgütern wird der Ackerbau im großen und mit den modernsten Hilfsmitteln der Wissenschaft zum Vorteil der Gesamtheit betrieben.*

- *An die Stelle der Privatbanken tritt eine Staatsbank, deren Papier gesetzlichen Kurs hat. Diese Maßregel macht es möglich, das Kreditwesen im Interesse des ganzes Volkes zu regeln und untergräbt damit die Herrschaft der großen Geldmänner.*

- *Alle Transportmittel: Eisenbahnen, Kanäle, Dampfschiffe, Wege, Posten etc. nimmt der Staat in seine Hand. Sie werden in Staatseigentum umgewandelt und der unbemittelten Klasse zur unentgeltlichen Verfügung gestellt.*

- *Völlige Trennung der Kirche vom Staate.*

- *Einführung von starken Progressivsteuern und Abschaffung der Konsumtionssteuern.*

- *Allgemeine, unentgeltliche Volkserziehung.*

aus MEW 5, Berlin 1982, S. 3-5

In Dresden gab es im Mai 1949 noch einmal Barrikadenkämpfe (an denen auch Richard Wagner teilnahm, der danach, steckbrieflich gesucht, nach Zürich flüchten musste); ebenso Aufstände in Baden (an denen Wilhelm Liebknecht und Friedrich Engels teilnahmen), die nach dem Einmarsch preußischer Truppen im Juli mit der Kapitulation der Festung Rastatt beendet wurden.

War das „Kommunistische Manifest" eine Programmschrift am Vorabend der Revolution, so war die von Marx geleitete „Neue Rheinische Zeitung" in Köln das Organ der Revolution zwischen Juni 1848 und Mai 1849; die letzte Ausgabe erschien am 18. Mai.

Als in Frankreich die Republik ausgerufen wurde, wurde auch in Deutschland die Idee eines republikanischen, einheitlichen Deutschlands wieder populär, nachdem 1832 auf dem Hambacher Fest erstmals solches Gedankengut öffentlich propagiert worden war. Ausdruck dieses Willens war die erste deutsche Nationalversammlung vom 18. Mai, die in

21

der Frankfurter Paulskirche tagte, allerdings noch nicht dominiert von republikanisch gesinnten Demokraten sondern von Anhängern einer konstitutionellen Monarchie. Das Frankfurter Parlament und die im März verabschiedete „Paulskirchenverfassung" waren eine revolutionäre Episode, die mit dem Scheitern der Revolution 1849 ebenfalls beendet wurde. Teile der Verfassung fanden sich später in der Weimarer Reichsverfassung von 1919 wieder.

War der europäische Revolutionszyklus 1848/49 nicht vom Erfolg gekrönt, so wurden doch die Grundfesten der Feudalordnung ein zweites Mal nach der Französischen Revolution erschüttert; die demokratischen Bewegungen und die sich formierende Arbeiterbewegung erlebten in den Folgejahren einen enormen Aufschwung. Dieser trotzige Optimismus drückte sich auch in dem Liedtext „Trotz alledem" aus, den Ferdinand Freiligrath (inzwischen Mitarbeiter der Neuen Rheinischen Zeitung) im Juni 1848 im Kölner Arbeiterverein erstmals vortrug.

Trotz alledem

Das war ´ne heiße Märzenzeit
trotz Regen, Schnee und alledem
Nun aber, da es Blüten schneit
nun ist es kalt, trotz alledem
Trotz alledem und alledem
trotz Wien, Berlin und alledem
Ein schnöder scharfer Winterwind
durchfröstelt uns trotz alledem.

Das ist der Wind der Reaktion
mit Meltau, Reif und alledem!
Das ist die Bourgeoisie am Thron
der dennoch steht, trotz alledem!
Trotz alledem und alledem
trotz Blutschuld, Trug und alledem
Er steht noch und er hudelt uns
wie früher fast, trotz alledem!

Die Waffen, die der Sieg uns gab
der Sieg des Rechts trotz alledem
die nimmt man sacht uns wieder ab

samt Pulver, Blei und alledem
Trotz alledem und alledem
trotz Parlament und alledem.
Wir werden uns´re Büchsen los
Soldatenwild, trotz alledem.

Doch sind wir frisch und wohlgemut
und zagen nicht trotz alledem!
In tiefer Brust des Zornes Glut
die hält uns warm trotz alledem!
Trotz alledem und alledem
es gilt uns gleich trotz alledem!
wir schütteln uns: Ein garst'ger Wind
doch weiter nichts trotz alledem!

Und wenn der Reichstag sich blamiert
Professorenhaft, trotz alledem
Und wenn der Teufel reagiert
mit Huf und Horn trotz alledem
Trotz alledem und alledem
es kommt dazu trotz alledem
daß rings der Mensch die Bruderhand
dem Menschen reicht, trotz alledem!

So füllt denn nur der Mörser Schlund
mit Eisen, Blei und alledem:
Wir halten aus auf unserm Grund
wir wanken nicht trotz alledem!
Trotz alledem und alledem!
und macht ihr's gar, trotz alledem
wie zu Neapel jener Schuft:
das hilft erst recht, trotz alledem!
Nur, was zerfällt, vertratet ihr!
seid Kasten nur, trotz alledem!

Wir sind das Volk, die Menschheit wir
sind ewig drum, trotz alledem!
Trotz alledem und alledem
so kommt denn an, trotz alledem!
Ihr hemmt uns, doch ihr zwingt uns nicht
unser die Welt trotz alledem!

Ferdinand Freiligrath, Juni 1848

Die Russische Oktoberrevolution

„Brot und Frieden"

Prolog 1905

Im russischen Zarenreich kündigte sich schon 1905 eine Revolution an. Nach einer Wirtschaftskrise zwischen 1900 und 1903 verschärfte sich die soziale Situation der Bevölkerung im Verlaufe des russisch-japanischen Krieges 1904/05 und entwickelte sich zu einer allgemeinen politischen Krise, die 1904 mit einem Generalstreik in Baku begann. Als am 9. Januar 1905 140 000 Petersburger Arbeiter friedlich demonstrierten, richtete die zaristische Polizei ein Blutbad an, in dessen Folge es im ganzen Land zu Massenstreiks kam und sich erstmals auch örtliche Sowjets als Interessenvertretungsorgane der Arbeiter bildeten. Der Höhepunkt waren der Aufstand der Matrosen der Schwarzmeerflotte in Odessa auf dem Kreuzer „Potjomkin" und der folgende landesweite Generalstreik von zwei Millionen im Oktober. Ein im Dezember von der Sozialdemokratischen Arbeiterpartei unter Lenin organisierter bewaffneter Aufstand wurde niedergeschlagen. Es folgte eine Periode der Reaktion mit offenem Terror gegenüber allen Oppositionellen; über 5 000 Revolutionäre wurden zwischen 1907 und 1909 hingerichtet, mehr wie 25 000 nach Sibirien verbannt.

1907 bis 1914 war zwar eine Epoche der politischen Konterrevolution aber gleichzeitig einer nachholenden industriellen Revolution in dem bisher agrarisch geprägten Land. Es entstanden fast 900 neue Aktiengesellschaften, die Industrialisierung konzentrierte sich auf Regionen wie Petrograd, Moskau oder Baku (Erdöl); wo sich viele der großen Weltkonzerne wie Shell, Nobel oder Siemens (mit allein drei Betrieben in Petrograd) ansiedelten. Die Hälfte der die Wirtschaft steuernden Banken gehörten französischen Muttergesellschaften, ein Drittel war deutsch dominiert und zehn Prozent englisch. Die Industriearbeiterschaft wuchs auf über 3,5 Millionen an. Auf der anderen Seite gab es weiterhin 30 000 Großgrundbesitzer, denen die Hälfte der landwirtschaftlich genutzten Flächen gehörte, während sich zehn Millionen Kleinbauern die andere Hälfte teilten.

Schon vor und während dieser Zeit stellten sich auch viele Künstler und Intellektuelle auf die Seite der fortschrittlichen Kräfte und gegen das Terrorregime des Zaren. Literaten wie Gorki und Tolstoi, Musiker wie Tschaikowski und Mussorgski verarbeiteten in ihren Werken volkstümliche und antifeudale Themen und gaben damit der demokratischen Opposition eine Stimme.

10 Tage, die die Welt erschütterten*

Der erste Weltkrieg führte zu einer völligen wirtschaftlichen Zerrüttung; besonders die Lebensmittelversorgung war nicht mehr gewährleistet. Im Januar/Februar 1917 kam es zu großen Streiks, an denen sich 600 000 Menschen beteiligten (hier sind Parallelen zu den Januarstreiks 1918 in Deutschland erkennbar). Im Ergebnis wurde das zaristisch-monarchistische Regime durch eine bürgerliche-republikanische Regierung unter Ministerpräsident Kerenski ersetzt, ohne dass aber der Zar und sein Regierungsapparat völlig entmachtet wurden. Diese Regierung wandelte sich im weiteren Verlauf des Krieges in eine Militärdiktatur (hier sind Parallelen zur Militärdiktatur von Hindenburg/Ludendorf 1918 in Deutschland erkennbar). Gleichzeitig entstanden Räte (Sowjets) als neue Selbstverwaltungsorgane der Arbeiter, Bauern und Soldaten. Seit Frühjahr existierte somit eine konkurrierende Doppelherrschaft staatlicher Machtorgane einerseits und Selbstverwaltungsorgane andererseits.

Als im August die Brotpreise sich verdoppelten und die Inflation auf über 300 Prozent stieg, kam es im September/Oktober zu Streikbewegungen im ganzen Land. Am 10. Oktober fasste das Zentralkomitee der Sozialdemokratischen Arbeiterpartei unter Lenin den Beschluss zum bewaffneten Aufstand. Am Abend des 24. Oktober begann der Aufstand in der Hauptstadt Petrograd. Mit dem Kanonensignal des Kreuzers „Aurora" erfolgte am 25. Oktober die Erstürmung des Winterpalais. Am 26. Oktober war die Revolution erfolgreich durchgeführt. Am gleichen Tag tagte der Sowjetkongress als neues repräsentatives Organ, an dem 560 Delegierte aus 300 Städten und 400 Sowjets teilnahmen. Der Kongress verabschiedete die Dekrete „Über den Frieden" und „Über den Grund und Boden"

---

* Titel eines Romans von John Reed über die Oktoberrevolution

und wählte eine Regierung, den „Rat der Volkskommissare". Ein erster konterrevolutionärer Aufstand unter Kerenski wurde am 1. November durch die Roten Garden niedergeschlagen.

Am 23. Dezember beschloss die Regierung die Umgestaltung des Schulsystems:

- Das dreigliedrige System wurde abgeschafft zu Gunsten einer einheitlichen Arbeitsschule mit polytechnischem Unterricht.

- Es wurde der gemeinsame Unterricht von Mädchen und Jungen eingeführt.

- Der Religionsunterricht wurde abgeschafft.

- Der Hochschulzugang wurde durch die Abschaffung von Aufnahmeprüfungen erleichtert.

- Es wurden Erwachsenenschulen eingerichtet, um Arbeitern, Bauern und Rotarmisten eine Grundbildung zu ermöglichen und den verbreiteten Analphabetismus zu bekämpfen.

Im Februar 1918 wurde der bisherige Julianische Kalender abgeschafft und der weltweit gebräuchliche Gregorianische Kalender eingeführt.

Im Juli verabschiedete der V. Gesamtrussische Sowjetkongress die erste Verfassung.

Am 3. März 1919 wurde mit dem Vertrag von Brest-Litowsk der Krieg mit Deutschland beendet; er beinhaltetet die Abtretung von großen Teilen des Baltikums, Weißrußlands und der Ukraine an Deutschland und zusätzliche Reparationszahlungen (insofern ähnelte er dem 1919 Deutschland in Versailles aufgezwungenen Diktatfrieden).

Weitere konterrevolutionäre Bestrebungen gipfelten in zwei Mordanschlägen auf Lenin am 1. Januar und 30. August 1918.

Die eigentliche Bewährungsprobe sollte aber in den vier Jahren des Bürgerkrieges noch kommen. Am 10. Dezember 1917 hatten in Paris die Ententemächte USA, Frankreich und Großbritannien in einem Abkommen große Teile Rußlands unter sich aufgeteilt (ähnlich wie Frankreich und Großbritannien es im Sykes-Picot-Abkommen vom Mai 1916 für die Nachkriegsordnung im Nahen Osten getan hatten). Großbritannien sollte Einflusszonen im Kaukasus, im Kubangebiet und am Don erhalten, Frankreich in der Ukraine, der Krim und Bessarabien und die USA im Fernen Osten und Sibirien.

Die Intervention der Entente begann im Februar 1918 mit der Landung von 30 000 Mann in Archangelsk und im März in Murmansk. Im April landeten britische Verbände in Wladiwostok, gefolgt von 12 000 amerikanischen und 75 000 japanischen Soldaten. Eine tschechische Legion operierte seit Mai mit 50 000 Mann in Sibirien. Im August landeten britische Truppen in Baku. Im November wurde der französische General Berthelot Oberkommandierender der Alliierten in Südrußland mit einer Armee von 130 000 Mann. Unterstützt wurden die ausländischen Truppen von ehemaligen zaristischen Generälen wie Denikin mit 40 000 Mann oder Krasnow mit 50 000 Mann.

Im August 1919 erfolgte ein britischer Angriff auf die Festung Kronstadt vor Petrograd, im April 1920 besetzte Japan Sachalin und ebenfalls im April marschierte Polen unter Marschall Pilsudski mit 145 000 Mann in die Ukraine ein.

Ab August 1918 konnte die neu gebildete „Rote Armee" die „Weißen" und die Interventionstruppen überall im Land zurückdrängen. Der Bürgerkrieg endete mit der Befreiung von Wladiwostok im Oktober 1922 siegreich für die neue Sowjetmacht.

„Zur Russischen Revolution

Alles, was in Rußland vorgeht, ist begreiflich und eine unvermeidliche Kette von Ursachen und Wirkungen, deren Ausgangspunkte und Schlußsteine: das Versagen des deutschen Proletariats und die Okkupation Rußlands durch den deutschen Imperialismus. Es hieße, von Lenin und Genossen übermenschliches verlangen, wollte man ihnen auch noch zumuten, unter solchen Umständen die schönste Demokratie, die vorbildlichste Diktatur des Proletariats und eine blühende sozialistische Wirtschaft hervorzuzaubern. Sie haben durch ihre entschlossene revolutionäre Haltung, ihre vorbildliche Tatkraft und ihre unverbrüchliche Treue dem internationalen Sozialismus wahrhaftig geleistet, was unter so verteufelt schwierigen Verhältnissen zu leisten war. ...

*Wir alle stehen unter dem Gesetz der Geschichte, und die sozialisti-
sche Gesellschaftsordnung läßt sich eben nur international durchführen.
Die Bolschewiki haben gezeigt, daß sie alles können, was eine echte
revolutionäre Partei in den Grenzen der historischen Möglichkeiten
zu leisten imstande ist. Sie sollen nicht Wunder wirken wollen. Denn
eine mustergültige und fehlerfreie proletarische Revolution in einem
isolierten, vom Weltkrieg erschöpften, vom Imperialismus erdrosselten,
vom internationalen Proletariat verratenen Lande wäre ein Wunder. ...*

*In dieser Beziehung waren Lenin und Trotzki mit ihren Freunden
die ersten, die dem Weltproletariat mit dem Beispiel vorangegangen
sind, sie sind bis jetzt immer noch die einzigen, die mit Hutten ausrufen
können: Ich hab's gewagt!*

*Dies ist das Wesentliche und Bleibende der Bolschewiki-Politik. In
diesem Sinne bleibt ihnen das unsterbliche geschichtliche Verdienst, mit
der Eroberung der politischen Gewalt und der praktischen Problemstel-
lung der Verwirklichung des Sozialismus dem internationalen Proletariat
vorangegangen zu sein und die Auseinandersetzung zwischen Kapital
und Arbeit in der ganzen Welt mächtig vorangetrieben zu haben."*

Rosa Luxemburg, GW Bd. 4, Berlin 1987, S. 364f

Linker Marsch

Entrollt euren Marsch, Burschen von Bord!
Schluß mit dem Zank und Gezauder.
Still da, ihr Redner! Du hast das Wort,
rede, Genosse Mauser!
Brecht das Gesetz aus Adams Zeiten.
Gaul Geschichte, du hinkst
Woll'n den Schinder zu Schanden reiten.
Links! Links! Links!

Blaujacken, he! Wann greift ihr an?
Fürchtet ihr Ozeanstürme?!
Wurden im Hafen euch eurem Kahn
rostig die Panzertürme?
Laßt den britischen Löwen brüllen –
zahnlosfletschende Sphinx.
Keiner zwingt die Kommune zu Willen.
Links! Links! Links!

Dort hinter finsterschwerem Gebirg
liegt das Land der Sonne brach.
Quer durch die Not und Elendsbezirk
stampft euren Schritt millionenfach!
Droht die gemietete Bande
Mit stählerner Brandung rings,
Russland trotzt der Entente
Links! Links! Links!

Seeadleraug' sollte verfehlen?!
Altes sollte uns blenden?
Kräftig der Welt ran an die Kehle,
mit proletarischen Händen.
Wie ihr kühn ins Gefecht saust! Himmel,
sei flaggenbeschwingt!
He, wer schreitet dort rechts raus?
Links! Links! Links!

Wladimir Majakowski, 1918

Die Novemberrevolution in Deutschland

Seit 1871 war das Deutsche Reich ein einheitlicher Wirtschaftsraum mit einer Zentralregierung, einem Kaiser als obersten Repräsentanten und einem beigeordneten Parlament, den Reichstag, als Kontrollorgan der Bourgeoisie gegenüber der monarchischen Exekutive. Die enormen Reparationszahlungen Frankreichs nach dem deutsch-französischen Krieg 1870/71 stellten eine zusätzliche Anschubfinanzierung zur nachholenden Industrialisierung des Reiches dar, so dass Deutschland bis 1900 zur zweitgrößten Industrienation nach England aufstieg und gegenüber den beiden führenden Kolonialmächten Frankreich und England einen Anspruch als dritte imperialistische Weltmacht erhob. Unterstrichen wurde dieser Anspruch durch eine beispiellose Aufrüstung der damals wichtigsten Militärtechnologie, der Kriegsmarine.

Die erstarkende Arbeiterbewegung schuf sich auf der betrieblichen Ebenen mit den Gewerkschaften eine Interessenvertretung; die Sozialdemokratische Partei war der politisch-parlamentarische Arm der Bewegung. Obwohl die SPD bei Wahlen bis Ende des Jahrhunderts fast 30 Prozent der Stimmen gewann, erhielt sie durch das Preußische Dreiklassenwahlrecht, das 1849 als Ergebnis der Revolution eingeführt worden war, nur ein Viertel der Abgeordnetenmandate. Trotzdem waren Gewerkschaften und SPD zu entscheidenden gesellschaftlichen Kräften angewachsen. Das zeigt sich sowohl am Mitgliederzuwachs der Gewerkschaften (1880: 50 000, 1898: 500 000) als auch an der Zahl der Arbeitskämpfe (1890: 200, 1898: 1 000) und nicht zuletzt im parlamentarischen Bereich. Hier gelang es August Bebel 1906, mit der Zentrumspartei eine Mehrheit gegen die Bewilligung der Kriegskredite für den Feldzug gegen die Hereros in Deutsch-Südwestafrika zu bilden. Die Folge war eine Staatskrise, so dass Kaiser Wilhelm das Parlament auflösen ließ.

„Und endlich ist kein anderer Krieg für Preußen-Deutschland mehr möglich als ein Weltkrieg, von einer bisher nie geahnten Ausdehnung

*und Heftigkeit. Acht bis zehn Millionen Soldaten werden sich unter-
einander abwürgen und dabei ganz Europa so kahlfressen, wie noch
nie ein Heuschreckenschwarm. Die Verwüstungen des Dreißigjährigen
Kriegs zusammengedrängt in drei bis vier Jahre und über den ganzen
Kontinent verbreitet; Hungersnot, Seuchen, allgemeine, durch akute
Not hervorgerufene Verwilderung der Heere wie der Volksmassen; ret-
tungslose Verwirrung unseres künstlichen Getriebs in Handel, Industrie
und Kredit, endend im allgemeinen Bankrott; Zusammenbruch der
alten Staaten und ihrer traditionellen Staatsweisheit, derart, dass die
Kronen zu Dutzenden über das Straßenpflaster rollen und niemand
sich findet, der sie aufhebt.“*

Friedrich Engels 1887, MEW 21, Belin 1981, S. 350

Gegen die heraufziehende Kriegsgefahr sprachen sich die internationalen
Sozialistenkongresse 1907 in Stuttgart und 1912 in Basel aus und beschlossen Massenaktionen dagegen zu organisieren. Als der österreichische
Kronprinz in Sarajewo einem Attentat zum Opfer fiel, nahm Deutschland
zusammen mit dem verbündeten Österreich dies zum Anlass, England,
Frankreich und Rußland mit fadenscheiniger Begründung den Krieg zu
erklären – der Erste Weltkrieg begann.

Aus der Kriegszieldenkschrift von Kanzler Bethmann Hollweg vom 9. September 1914

„Das allgemeine Ziel des Krieges:

*Es ist zu erreichen die Gründung eines mitteleuropäischen Wirtschafts-
verbandes durch gemeinsame Zollabmachungen unter Einschluß von
Frankreich, Belgien, Holland, Dänemark, Österreich-Ungarn, Polen
und eventuell Italien, Schweden und Norwegen. Dieser Verband, wohl
ohne gemeinsame konstitutionelle Spitze, unter äußerlicher Gleichbe-
rechtigung seiner Mitglieder, aber tatsächlich unter deutscher Führung,
muß die wirtschaftliche Vorherrschaft Deutschlands über Mitteleuropa
stabilisieren.“*

aus: Geiss, Das Deutsche Reich und der Erste Weltkrieg, S. 91

Die Parteien der Internationale vergaßen ihre Beschlüsse und stimmten auf nationaler Ebene dem Krieg – natürlich als Verteidigungskrieg – zu. In Deutschland war der Schicksalstag der 4. August; hier stimmte die SPD-Reichstagsfraktion den Kriegskrediten zu. Schon zwei Tage zuvor hatten die Gewerkschaften gegenüber der kaiserlichen Regierung erklärt, während eines Krieges auf Arbeitskämpfe zu verzichten. Am 6. Dezember 1916 erhielten sie als Belohnung mit dem „Hilfsdienstgesetz" (das im Kern die Einziehung aller Arbeitsfähigen zur Zwangsarbeit vorsah) das Recht zur Bildung von „Arbeiterausschüssen" in den Betrieben. Die Übereinkunft zwischen den Organisationen der Arbeiterbewegung und dem kriegführenden Kaiserreich wurde „Burgfrieden" genannt.

Einen ersten Riss bekam diese Kriegseinheitsfront durch das demonstrative „NEIN" des SPD-Abgeordneten Karl Liebknecht zu den zweiten Kriegskrediten am 2. Dezember 1914; danach spaltete sich die SPD in MSPD, USPD und die Spartakusgruppe, die spätere KPD.

Auch im DMV bildete sich unter den Vertrauensleuten („revolutionäre Obleute" unter Führung von Richard Müller) eine Mehrheit gegen die von der Gewerkschaftsführung tolerierte Burgfriedenspolitik. Im Januar 1918 organisierten sie erste Massenstreiks, getragen hauptsächlich von den Munitionsarbeitern; die Generalprobe für die kommende Revolution.

Als ab August 1918 klar war, dass der erste Versuch des deutschen Imperialismus, die Weltherrschaft zu ergreifen, nach vier Jahren Krieg gescheitert war, erhoben sich als erstes die Matrosen der Kriegsflotte in Kiel und bildeten am 3. November einen Soldatenrat. Hier begann die Revolution und breitet sich danach im ganzen Reich aus: am 6. in Hamburg und Bremen, am 7. in Hannover, Braunschweig, Köln und München, am 8. in Frankfurt, Halle, Leipzig und Dresden und am 9. in Berlin, hier wieder unter Führung der revolutionären Obleute des DMV.

Samstag Mittag des 9. Novembers 1918 erklärt Reichskanzler Max von Baden den Kaiser für abgesetzt und übergab sein Amt an Friedrich Ebert; am nächsten Tag wird eine neue Regierung gebildet, der „Rat der Volksbeauftragten", gewählt vom Kongress der Arbeiter- und Soldatenräte. Am Abend des gleichen Tages vereinbart Ebert telefonisch mit General Groener von der Obersten Heeresleitung (OHL) ein Bündnis mit dem Ziel *„… restlose Bekämpfung der Revolution … und baldige Einberufung einer*

Nationalversammlung." (Groener als Zeuge im sog. Dolchstoßprozess 1925).

Am 12. November wurde dieses politisch-militärische Bündnis ergänzt durch ein gegenrevolutionäres sozialpolitisches Bündnis zwischen Gewerkschaften und Unternehmern, das Stinnes-Legien Abkommen, das auch Grundlage für das Arbeitsprogramm der Volksbeauftragten wurde. Die Arbeitgeberverbände erkannten die Gewerkschaften als Vertreter der Arbeiterschaft an und erklärten sich bereit, die Arbeitsbedingungen durch Tarifverträge zu regeln. Zugleich wurde die Einrichtung von Arbeiterausschüssen in den Betrieben (Vorläufer der Betriebsräte) und die Einführung des Achtstundentages vereinbart. Für die Gewerkschaften bedeutete die Vereinbarung einen sozialpolitischen Durchbruch; hatte der Staat die Gewerkschaften mit dem Hilfsdienstgesetz als Interessenvertreter der Arbeiter anerkannt, wurden sie nun von den Arbeitgebern als Tarifpartner akzeptiert. Ziel der Unternehmer dagegen war es, mit den Zugeständnissen an die Gewerkschaften der weitergehenden revolutionären Forderung nach Sozialisierung ihrer Betriebe entgegen zu treten.

Nach dem Beschluss des Reichsrätekongresses der Arbeiter- und Soldatenräte am 18. Dezember zur Wahl einer Nationalversammlung war die Richtungsentscheidung Rätesystem oder parlamentarisches System gefallen. Als nächster Schritt erfolgte die Entwaffnung der revolutionären Garden und die Bildung von regierungstreuen Truppen aus antirevolutionären Freikorps unter der Befehlsgewalt des neuen Reichswehrministers Noske (SPD). Diese hatten besonders die Aufgabe, die Arbeiter- und Soldatenräte zu entwaffnen und aufzulösen und verbliebene Anhänger des Rätesystems zu liquidieren, wozu sie durch einen Schießbefehl Noskes legitimiert waren. Prominenteste Opfer waren Rosa Luxemburg und Karl Liebknecht, die am 15. Januar (nach Rücksprache mit Noske) von Offizieren der Garde-Kavallerie-Schützen-Division unter dem berüchtigten Hauptmann Pabst hinterrücks ermordet wurden.

Der Doppelmord an Luxemburg und Liebknecht war nur der Auftakt für weitere Prominentenmorde. Im Februar folgte auf offener Straße die Erschießung des Bayrischen Ministerpräsidenten Kurt Eisner in München durch den Offizier Graf Arco-Valley, die Ermordung des Lebensgefährten von Luxemburg, Leo Jogiches, ebenfalls im Februar, im Gefängnis während der Untersuchungshaft, das Attentat auf Hugo Haase (USPD,

Mitglied im Rat der Volksbeauftragten) im Oktober, schließlich die Morde an dem Zentrumspolitiker Matthias Erzberger im August 1921 und Außenminister Walter Rathenau im Juni 1922, beide durch Mitglieder der rechtsterroristischen „Organisation Consul", die aus dem Freikorps „Brigade Erhardt" hervorgegangen war.

Mit der Wahl einer Nationalversammlung am 19. Januar 1919, eines Reichspräsidenten (Ebert) und einer Regierung (Scheidemann) am 11. Februar, der Bildung einer neuen Reichswehr am 6. März sowie die Annahme einer neuen Verfassung durch die Nationalversammlung (nicht durch Volksabstimmung) im August wurde die Revolution beendet.

Noch einmal musste sich die neue Republik bewähren, als am 13. März unter Führung des Generals Lüttwitz ein Staatsstreich gegen die neu gewählte Regierung erfolgte, der nur durch einen Generalstreik, zu dem die Gewerkschaften aufgerufen hatten, scheiterte. Dies war nach einem ertsen Putschversuch im Dezember 1918, der von General Groener im Vorfeld des Reichsrätekongresses geplant war, und einem weiteren am 24. Dezember durch General Lequis und Hauptmann Pabst im Auftrag der OHL (Groener), der nur durch das mutige Eingreifen der in Berlin stationierten revolutionären Volksmarinedivision verhindert wurde, der dritte Versuch kaiserlicher Offiziere, die entstehende demokratische Republik zu verhindern.

Viele Errungenschaften der Revolution sind noch heute Grundlage des Sozialstaates:

Allgemeines und gleiches Wahlrecht (1918)

Einführung des Achtstundentages (1918)

1. Mai als Feiertag (allerdings nur für das Jahr 1919)

Tarifvertragsverordnung (1918)

Erwerbslosenfürsorge im Rahmen der Demobilmachung (1918)

Arbeitslosenversicherung (1927)

Die erste Republikanische Verfassung (1919)

Betriebsrätegesetz (1920)

Aufzeichnungen über die Vorgänge in der Reichskanzlei am Samstag, 09.11.1918 (Gedächtnisprotokoll von Staatssekretär Haußmann)

„Am 9. Nobember um 12 Uhr 35 mittags erschien im Reichskanzler-Palais eine Abordnung der sozialdemokratischen Partei, die aus den Herren Ebert, Scheidemann, Braun, Brolert und Hellert bestand. Sie wurden von dem Reichskanzler (Prinz Max von Baden) in Anwesenheit des Viezekanzlers v. Payer und der Staatssekretäre Solf (Auswärtiges Amt), Graf v. Roedern (Reichsschatzamt) und Haußmann, des Unterstaatssekretärs Wahnschaffe (Leiter der Reichskanzlei), sowie des Botschafters Grafen Bernstorff empfangen. Später kam Kriegsminister Scheüch hinzu.

Ebert: *Damit die Ruhe und Ordnung gewahrt werden kann, haben unsere Parteigenossen uns beauftragt, dem Herrn Reichskanzler zu erklären, daß wir es zur Vermeidung von Blutvergießen für unbedingt erforderlich halten, daß die Regierungsgewalt an Männer übergeht, die das volle Vertrauen des Volkes besitzen. Wir halten es deshalb für nötig, daß das Amt des Reichskanzlers und das des Oberkommandierenden in den Marken durch Vertrauensmänner unserer Partei besetzt wird. Wir haben in dieser Sache sowohl unsere Partei als auch die Partei der Unabhängigen Sozialdemokraten geschlossen hinter uns. Auch die Truppen sind für uns gewonnen. Ob die Unabhängigen in die neue Regierung eintreten wollen, darüber sind sie sich noch nicht einig; falls sie sich dazu entschließen, müssen wir wünschen und verlangen, daß sie aufgenommen werden. Wir haben auch nichts gegen die Aufnahme von Vertretern der bürgerlichen Richtung; nur müßten wir die ausgesprochene Mehrheit in der Regierung behalten. Darüber wäre noch zu verhandeln.*

Der **Reichskanzler** *fragte, ob die Parteiführer den Willen und die Möglichkeit hätten, zu verhindern, daß die Bewegung in die Bahnen der Gewalttätigkeit hinüberglitte, und ob sie gewährleisten können, daß die Ruhe ungestört bliebe, wenn nicht geschossen werde.*

Scheidemann *erwiderte: Die sämtlichen Garnisonen und Regimenter Groß-Berlins sind zu uns übergegangen. Wir kommen soeben aus dem Reichstag, wo Abgeordnete aus allen Regimentern uns davon vergewissert haben.*

Haußmann: Welche Beweise für diese Behauptungen, daß die Truppen sich Ihrer Bewegung angeschlossen haben, können sie uns beweislich von Ihrer Mitteilung beibringen? Sind Sie sicher, daß Sie selbst die Bewegung noch leiten können und daß sie nicht über Ihren Kopf hinweggeht?

Scheidemann: Ich glaube bestimmt, daß wir sie leiten können. Urkundliche Beweise für die Haltung der Truppen können wir nicht beibringen. Ich schlage vor, daß Herr Staatssekretär Haußmann mit einem unserer Parteigenossen in einem Auto an sämtlichen Kasernen vorbeifährt und sich aus dem Jubel der Truppen überzeugt, auf welcher Seite sie stehen.

Reichskanzler: Es wäre zu erwägen; denn wir sollten doch irgendwelche Beweise haben, schon um sie an anderer Stelle vorlegen zu können. Ich zweifle ja nicht an der Richtigkeit dessen, was Herr Scheidemann sagt.

Haußmann: Ich muß es ablehnen, unter diesen Umständen aufzutreten, die mich als einen Anhänger der Bewegung erscheinen lassen.

Graf Roedern: Ich schlage vor, bei diesem Punkt sofort den Herrn Kriegsminister hierher zu bitten.

Reichskanzler: Sie wissen, daß der Kaiser bereit ist abzudanken?

Ebert: Ja, ich habe die Veröffentlichung gesehen.

Reichskanzler: Da wir nicht die Macht in Händen haben, da die Situation so ist, und die Truppen versagt haben, so schlage ich vor, daß der Abgeordnete Ebert den Posten des Reichskanzlers annimmt.

Ebert nach einem Moment des Bedenkens: Es ist ein schweres Amt, aber ich werde es übernehmen.

Scheidemann erklärt sich auch einverstanden.

Solf: Sind Sie bereit, die Regierung innerhalb der Verfassung zu führen?

Ebert bejaht.

Solf: Auch innerhalb der monarchischen Verfassung?

Ebert: Gestern hätte ich diese Frage unbedingt bejaht, heute muß ich mich erst mit meinen Freunden beraten.

Reichskanzler: Nun müssen wir die Regentschaftsfrage lösen.

Ebert: Es ist zu spät.

Reichskanzler: Ich habe dem Kaiser bereits vorgeschlagen, daß im

Reichstag ein Gesetzentwurf vorgelegt wird, der die Wahlen zu einer verfassungsgebenden deutschen Nationalversammlung betreffen würde. Diese Versammlung würde dann entscheiden, wie Deutschland künftig regiert werden soll.

Ebert: *Mit dem Gedanken dieser Nationalversammlung können wir uns einverstanden erklären.*

Solf: *Da der Kaiser nun abgedankt hat, wer ernennt nun den neuen Kanzler? Wie ist die Form? Es bleibt nichts anderes übrig, als daß der alte Kanzler das Amt dem neuen übergibt.*

Reichskanzler: *Damit bin ich einverstanden.*

Scheidemann: *Der Posten des Kriegsministers und der des Oberkommandierenden in den Marken müssen mit unseren Parteigenossen besetzt werden.*

Scheüch: *Nein, ich bleibe auf meinem Posten. Das Feldheer steht am Feinde, seine Versorgung muß geregelt werden. Die Waffenstillstandsverhandlungen sind im Gange, ich muß bleiben, unbeschadet meiner politischen Überzeugung. Wenn meine Aufgabe erfüllt sein wird, wird auch der Moment gekommen sein, wo ich frei in meinen Entschließungen sein werde.*

Ebert: *Da können wir nur dankbar sein.*

Scheidemann: *Sehr erfreulich, daß Sie bleiben, aber Sie werden verstehen, daß wir Ihnen einen von unseren Parteigenossen als Staatssekretär beigeben müssen zur Abwendung von Verdacht.*

Scheüch: *Einverstanden, wer wird es sein?*

Scheidemann: *Wie wäre es, wenn wir den Abgeordneten Göhre dafür bestimmen?*

Scheüch: *Ja, damit kann ich mich einverstanden erklären. Er ist ein vernünftiger Mann, der im Felde Offizier geworden ist. (Göhre kam auch schon nach 10 Minuten herein.)*

Scheidemann: *Wir halten es für nötig, das Oberkommando in den Marken mit einem Parteigenossen zu besetzen.*

Scheüch: *Ich bin bereit, dem Oberkommandierenden einen Vertreter*

Ihrer Partei beizugeben, ohne dessen Unterschrift keine Anordnung herausgehen soll. Es ist mir auch recht, wenn einer Ihrer Parteigenossen als Unterstaatssekretär oder unter einer anderen Bezeichnung in das Kriegsministerium eintritt und dort die Anordnungen prüft.

Scheidemann: *Das erscheint ein gangbarer Weg.*

Reichskanzler: *Ich werde jetzt mit dem Staatssekretär beraten und Ihnen die Antwort in etwa einer halben Stunde zukommen lassen.*

aus: Die Regierung der Volksbeauftragten 1918/19, Quellen zur Geschichte des Parlamentarismus und der politischen Parteien, Band 6/I, Düsseldorf 1969, S. 3ff, DZA Potsdam, Reichskanzlei 2480; Abschrift im Bundesarchiv R 43/I 2746

Wem hamse de Krone jeklaut?

Wem hamse de Krone jeklaut?
Dem Wilhelm dem doofen, dem Oberjanoven
dem hamse de Krone jeklaut.
... jaa, jaa ...
Dem Wilhelm dem doofen, dem Oberjanoven
dem hamse de Krone jeklaut.

Wer hat ihm die Krone jeklaut?
Der Ebert der Helle, der Sattlerjeselle,
der hat ihm die Krone jeklaut.
... jaa, jaa ...
Der Ebert der Helle, der Sattlerjeselle,
der hat ihm die Krone jeklaut.
Was jehts denn jetzt Wilhelm und Sohn?
Der Wilhelm und Sohn, die gehn jetz als Clown
weil se nischt mehr verdien uff'm Trohn.
... jaa, jaa ...
Der Wilhelm und Sohn, die gehn jetz als Clown
weil se nischt mehr verdien uff'm Trohn.

Wer wird uns die Straßen einst kehr'n?
Die Bullen, die Herrn mit'm Wichstock und Stern,
die werd'n uns die Straßen einst kehrn.
... jaa, jaa ...
Die Bullen, die Herrn mit'm Wichstock und Stern,
die werd'n uns die Straßen einst kehrn.

Die Kubanische Revolution

von Volker Hermstorf

„¡Hasta la victoria siempre!"

Die Kubanische Revolution, deren Wurzeln bis zu den ersten Aufständen der indigenen Ureinwohner gegen die spanischen Eroberer, dem Kampf der aus Afrika verschleppten Sklaven und den Befreiungskriegen zur Beseitigung der Kolonialherrschaft zurückreichen, wurde in ihrer entscheidenden Phase maßgeblich durch den heutigen Nationalhelden José Martí und dessen von Marx beeinflussten Vorstellungen geprägt. Die vorangegangenen Revolten waren der Humus für die Auseinandersetzungen in den folgenden Jahrzehnten: die Streiks der Arbeiter, die Aufstände der Zuckerrohrschläger und Bauern, die Proteste der Studenten und des städtischen Kleinbürgertums, die schließlich zur Formierung der Guerilla unter Fidel Castro und zum Erfolg der Revolution am 1. Januar 1959 führten.

Fidel Castro Ruz, Sohn eines eingewanderten Galiciers, der es in Kuba zum wohlhabenden Gutsbesitzer brachte, wurde als junger Anwalt zum Guerillero und ist ohne jeden Zweifel der bedeutendste Protagonist dieser Revolution. *„Als ich zur Uni kam, war ich ein politischer Analphabet"*, vertraute Fidel Castro seinem Biografen Ignacio Ramonet an. Der junge Fidel bewunderte die Unabhängigkeitskämpfer am Ende des vorangegangenen Jahrhunderts wie Carlos Manuel de Céspedes, den Anführer des ersten, zehnjährigen Befreiungskrieges gegen die Spanier. Zur bevorzugten Lektüre gehörten in dieser Zeit die Schriften der lateinamerikanischen Freiheitskämpfer Simon Bolívar (1783-1830) und José Martí (1853-1895).

Martí war überzeugt davon, dass dem Befreiungskampf eine tiefgreifende soziale Revolution folgen müsse, deren Aufgabe es sei, das Recht aller Bürger auf Bildung, Gesundheitsversorgung und Teilhabe am sozialen Leben durchzusetzen; er forderte eine Agrarreform, Rassengleichheit und soziale Gerechtigkeit für alle Schichten des Volkes. Er warb zudem für die Solidarität und Einheit der Völker des amerikanischen Kontinents gegen die Hegemonie der USA.

Den jungen Fidel Castro beeindruckte die Radikalität Martís. Dazu hatte zwar auch das Studium der Werke von Martí, Marx, Engels und Le-

41

nin, vor allem aber die Verhältnisse in Kuba und der Welt beigetragen, die der Student kritisch analysierte. Im Jahr 1898 hatten die USA im Zweiten Unabhängigkeitskrieg interveniert und Spaniens Kolonialherrschaft durch eine US-Besatzung abgelöst. Die Kubaner, die 1902 unter die Militärherrschaft der USA gerieten und nur scheinbar unabhängig geworden waren, hatten wesentliche Ziele nicht erreicht. Die Eigentumsverhältnisse des alten Kolonialsystems, für deren Abschaffung die Aufständischen auch gekämpft hatten, wurden nicht grundsätzlich verändert, sondern erfuhren nur eine Verschiebung zugunsten des US-Kapitals. Die US-Okkupanten nahmen sofort Kontakt zur agrarkapitalistischen Oberschicht auf und die Industriellen der Tabak- und Zuckerindustrie schlossen sich US-Firmen an, die überall in Kuba Niederlassungen eröffneten. Im Gegenzug schützte die Besatzungsmacht einheimische Fabrikbesitzer vor Aktionen ihrer Belegschaften. Als kubanische Arbeiter im September 1899 für eine Arbeitszeitverkürzung streikten, wurde die US-Armee eingesetzt, um den Streik niederzuschlagen.

Im Regierungspalast von Havanna saß in den 1920er Jahren Präsident Machado, ein Lobbyist der US-Firmen ITT und General Electric. Der von Washington abhängige Machado errichtete eine auf das Militär gestützte Diktatur und ließ bis zu seiner Flucht im Jahr 1933 rund 20 000 Menschen ermorden. Trotz des Terrors konnte der Diktator den Widerstand gegen Ausbeutung, Armut und Korruption nicht brechen. In den dreißiger Jahren bildete sich in den Städten aus dem Zusammenschluss von Aktivisten der Studentenbewegung, Armeeangehörigen und Intellektuellen eine „urbane Revolutionsbewegung", die auch in den Zuckeranbaugebieten auf dem Land eine breite Basis fand: Landarbeiter besetzten Plantagen und bildeten „Sowjets". Diese Zeit war geprägt von Streiks, Studentenprotesten und Aktionen landloser Bauern. Auch die Gewerkschaftsbewegung erstarkte. 1939 schlossen sich eine Reihe von Gewerkschaften zur „Konföderation der Arbeiter Kubas" (Confederación de Trabajadores de Cuba, CTC) zusammen.

1940 wurde aus dieser politischen Stimmung heraus mit Fulgencio Batista erstmals ein Mann aus einfachen Verhältnissen zum Präsidenten gewählt. In seiner ersten Amtszeit (1940-1944) führte seine Regierung soziale Verbesserungen wie den Acht-Stunden-Tag ein und das Parlament verabschiedete eine Verfassung. Als Fidel Castro sich im Oktober 1945 an der Universität von Havanna einschrieb, wehte jedoch ein anderer Wind. Kubas Wirtschaft war nach dem zweiten Weltkrieg in eine Periode der Stagnation eingetreten. Infolge von Produktionseinschränkungen nahm die Arbeitslosigkeit katastrophale Ausmaße an; rund 500 000 Menschen, ein Viertel der erwerbstätigen Bevölkerung waren ohne Beschäftigung. Rund 65 Prozent der Landarbeiter (etwa 600 000 Menschen) fanden immer nur für wenige Monate im Jahr Arbeit. Es gab praktisch keine medizinische Versorgung und für zwei Drittel der Kinder gab es keine Schulen. Die Hälfte der Bevölkerung konnte weder lesen noch schreiben.

Nach dem Sieg der Anti-Hitler-Koalition über Nazi-Deutschland war die Hoffnung auf Frieden und Demokratie der Realität des Kalten Krieges gewichen. US-Präsident Truman erließ 1947 die nach ihm benannte Doktrin, die eine Eindämmung des Kommunismus zum Ziel hatte und sich auch auf die politische Situation in Kuba auswirkte. Die auf Batistas erste Amtszeit in den Jahren 1944 und 1948 nachfolgenden Präsidenten San Martín und Socarrás zerschlugen die Gewerkschaftsbewegung und ersetzten deren Führer durch von ihnen bezahlte Gangster. Das Mafia-Paradies Kuba wurde zum Eldorado für käufliche Politiker.

Bei den für den 1. Juni 1952 angesetzten Wahlen zeichnete sich ein Sieg der Opposition ab, zu der auch die „Sozialistische Volkspartei" gehörte, in der sich die Kommunisten organisiert hatten. Auch Castro kandidierte für einen Parlamentssitz. Am 10. März putschte Ex-Präsident Batista mit einer Gruppe von Armeeoffizieren gegen den Präsidenten Socarrás. Die einheimische Herrschaftsclique befürchtete bei einem Wahlsieg der Opposition, um ihre einträglichen Staatsposten gebracht zu werden und Washington war ebenfalls besorgt wegen der möglichen Beteiligung von Kommunisten. Man setzte deshalb auf den früheren Präsidenten Batista. Dessen erster Gang nach dem Staatsstreich führte ihn zum Botschafter der USA zum Rapport. Als seine erste Maßnahme setzte Batista die Verfassung von 1940 außer Kraft. US-Präsident Truman sicherte dem Militärregime daraufhin wirtschaftliche und militärische Unterstützung zu.

Nach dem Staatsstreich war klar geworden, dass eine wirkliche Veränderung nur durch eine Revolution zu erreichen sei. Castro schrieb über die Anfangszeit des 1955 von ihm im mexikanischen Exil gegründeten revolutionären Movimiento „M-26-7" (Bewegung des 26. Juli): *„Wenn wir nicht von den Gedanken Martís, Marx' und Lenins inspiriert gewesen wären, hätten wir nicht einmal die Idee einer Revolution in Kuba entwickeln können. … Die Ideen waren der wichtigste Rohstoff für die Revolution"*.

Nicht die Freiheit, die Befreiung herrscht

Der revolutionäre Befreiungskampf begann im November 1956 mit der Landung von 82 Guerilleros, mit der Jacht „Granma" aus Mexico kommend, in Kuba unter Führung von Fidel Castro und Che Guevara. Nach vierjährigem Guerillakampf und ihrem Sieg am 1. Januar 1959 begannen die Revolutionäre mit dem Aufbau der neuen Gesellschaft. Im Februar 1959 wurde eine neue Verfassung erlassen, die den Transformationsprozess ermöglichen sollte. Am 17. Mai 1959 wurde das erste Gesetz zur Agrarreform verabschiedet, durch das einheimischer und ausländischer Großgrundbesitz aufgelöst und über einhunderttausend Bauern unentgeltlich zugeteilt wurde. Das traf vor allem die in US-Eigentum befindlichen Zuckergesellschaften und Rumfabriken (noch heute führt z. B. der Bacardi-Konzern einen erbitterten Kampf gegen alles Kubanische). 1960 wurde das Eigentum ausländischer Konzerne und später auch der nationalen Bourgeoisie verstaatlicht. Nach und nach waren alle Hauptzweige der Wirtschaft in allgemeines Volkseigentum überführt worden. Die „Nationale Vollversammlung des kubanischen Volkes" verabschiedete am 2. September 1960 die „Erste Deklaration von Havanna", in der „die Ausbeutung des Menschen durch den Menschen" verurteilt und die Ziele einer anderen Gesellschaftsordnung formuliert wurden. Die Deklaration forderte die Nationalisierung monopolistischen Eigentums und proklamierte das Recht der Bauern auf Landbesitz, das Recht des Arbeiters auf den Ertrag seiner Arbeit, das Recht der Kinder auf Schulbildung und das der Jugendlichen auf Ausbildung, das Recht der schwarzen und indigenen Bevölkerung auf Wahrung ihrer uneingeschränkten Menschenwürde, das Recht der Frauen auf rechtliche, soziale und politische Gleichstellung und gleiche Bezahlung sowie das Recht der Kranken auf unentgeltlichen ärztlichen Beistand und Krankenpflege.

Die Gegner der Revolution können sich mit deren Konsequenzen bis heute nicht abfinden. US-Präsident Eisenhower verhängte bereits 1960, als Kuba die Enteignung aller US-Konzerne ankündigte, erste Sanktionen, die in der Folge auf alle Länder, die wirtschaftliche Beziehungen zu Kuba unterhalten, ausgeweitet wurde. 1961 scheiterte eine Invasion von US-Söldnern mit dem Ziel eines Umsturzes kläglich. Seit fast 60 Jahren unterliegt Kuba der längsten und umfangreichsten Wirtschafts-, Handels- und Finanzblockade, die je gegen ein Land ausgesprochen wurde. Unbeeindruckt davon bereitet sich das Land im 200. Geburtsjahr von Karl Marx darauf vor, am 1. Januar 2019 den 60. Jahrestag seiner Revolution zu feiern. Nach kubanischen Selbstverständnis ist die Revolution kein einmaliger Akt, sondern ein sich ständig verändernder, lernender Prozess, der bis heute andauert und weitergeht. In einer in Kuba oft zitierten Rede hatte Fidel Castro am 1. Mai 2000 den Begriff der Revolution so definiert:

*„**Revolution** bedeutet, Gespür für den geschichtlichen Augenblick zu haben;*

bedeutet, alles zu ändern, was zu ändern ist;

bedeutet Gleichheit und vollkommene Freiheit;

bedeutet, selbst wie ein Mensch behandelt zu werden und andere so zu behandeln;

bedeutet, uns aus eigener Kraft selbst zu befreien;

bedeutet, mächtige herrschende Kräfte herauszufordern, innerhalb und außerhalb unseres gesellschaftlichen und nationalen Rahmens;

bedeutet, Werte, von denen man überzeugt ist, um jeden Preis zu verteidigen;

bedeutet Bescheidenheit, Uneigennützigkeit, Altruismus, Solidarität und Heroismus;

bedeutet, mit Kühnheit, Intelligenz und Gespür für die Realität zu kämpfen;

bedeutet, weder jemals zu lügen noch ethische Grundsätze zu verletzen;

bedeutet, zutiefst überzeugt zu sein, dass auf der Welt keine Macht existiert, die die Kraft der Wahrheit und der Ideen aufhalten könnte.

***Revolution** bedeutet Einheit, bedeutet Unabhängigkeit, bedeutet, für unseren eigenen Traum von Gerechtigkeit für Kuba und die Welt zu kämpfen, welcher zugleich die Grundlage unseres Patriotismus, unseres Sozialismus und unseres Internationalismus ist.“*

Hasta siempre Comandante Che Guevara

Aprendimos a quererte
desde la histórica altura
donde el sol de tu bravura
le puso cierco a la muerte.

Aqui, se queda la clara,
la entrañable transparencia,
de tu querida presencia
Comandante Che Guevara.

Carlos Puebla, 1965

Literatur

Die Große Französische Revolution – Illustrierte Geschichte, Berlin 1989

Deppe, Frank: 1917 – 2017 Revolution & Gegenrevolution, Hamburg 2017

Engels, Friedrich: Der deutsche Bauernkrieg (1875), Berlin 1960, MEW 7

Engels, Friedrich: Einleitung zur Broschüre „Mordspatrioten" (1887), Berlin 1981, MEW 21, S. 350

Geiss, Imanuel: Das Deutsche Reich und der Erste Weltkrieg, München 1978

Hermsdorf, Volker: Die kubanische Revolution, Köln 2017

Illustrierte Geschichte der deutschen Novemberrevolution, Berlin 1978

Illustrierte Geschichte der deutschen Revolution, Frankfurt am Main 1968

Illustrierte Geschichte der deutschen Revolution 1848/49, Berlin 1975

Illustrierte Geschichte der Großen Sozialistischen Oktoberrevolution, Berlin 1982 (Moskau 1967)

Kobuch, Manfred: Der deutsche Bauernkrieg in Dokumenten, Weimar 1977

Kossok, Manfred: Revolutionen der Weltgeschichte, Stuttgart 1989

Landefeld, Beate: Revolution, Köln 2017

Lenk, Werner: Dokumente aus dem deutschen Bauernkrieg, Leipzig 1974

Marx, Karl: Die Klassenkämpfe in Frankreich (1850), Berlin 1960, MEW 7

Müller, Richard: Geschichte der deutschen Revolution Bd. 1–3 (1924), Berlin 1979

Rühle, Otto: Die Revolutionen Europas Bd. 1–3 (1927), Wiesbaden 1973

www.bauernkriege.de

www.gewerkschaftsgeschichte.de

Zimmermann, Wilhelm: Der große deutsche Bauernkrieg (1841), Berlin 1980

Hustedter Beiträge zur politischen Bildung

Seit 2014 veröffentlicht das Bildungszentrum in loser Folge *Hustedter Beiträge zur politischen Bildung*, um in der Fachöffentlichkeit und mit allen Interessierten die Theorie-Praxis-Diskussion anzuregen und weiterzuentwickeln. Bisher erschienen sind:

Band 1

50 Jahre Soziologische Phantasie und Exemplarisches Lernen – Tagungsband Emanzipative politische Bildung

Mit einem Vorwort von Dietrich Burggraf und Harald Kolbe sowie einer Einleitung von Christine Zeuner. Beiträge von Adolf Brock, Christine Zeuner, Daniela Holzer, Katja Petersen, Guido Brombach, Elke Gruber, Bettina Lösch und Oskar Negt – 148 Seiten, ISBN 978-3-735-75852-1

Band 2

Wirkungen politischer Erwachsenenbildung verstehen – Eine Machbarkeitsstudie

Von Peter Straßer und Isabell Petter mit einem Vorwort von Dietrich Burggraf – 122 Seiten ISBN 978-3-7347-5280-3

Band 3

Erinnern statt vergessen!

Der Todesmarsch vom KZ-Außenlager Kleinbodungen über Hustedt nach Bergen-Belsen Von Björn Allmendinger, Harald Kolbe, Horst Stehr, 32 Seiten, ISBN 9-783-638-141

Band 4

Von der Arbeiterkultur zur Kultur der Arbeit – Das kulturelle Erbe der Arbeiterbewegung und politische Kulturarbeit heute (Tagungsband)

Harald Kolbe, Dietrich Burggraf, Peter Straßer (Hg.), 208 Seiten, ISBN 9-783-741-294-129

Band 5

Vier Reden über den Sinn von Bildung – Zur Verabschiedung von Dietrich Burggraf

Mit Beiträgen von Dirk U. Mende, Hartmut Meine, Vanessa I. Reinwand-Weiss, Harald Kolbe und einem Vorwort von Heinz H. Witte – 36 Seiten, ISBN 9-783842-343689

Band 6

Von Biedermännern und Brandstiftern – Rechtspopulismus in Betrieb und Gesellschaft

B. Allmendinger, J. Fährmann, K. Tietze (Hg.), VSA-Verlag, Hamburg 2017, 229 Seiten, ISBN 978-3-89965-772-2

Bezug aller Bände über den Buchhandel und im Bildungszentrum. Nähere Informationen unter *www.hvhs-hustedt.de*.